That`s Camping

Wandern in den Rocky Mountains

von

Julia Riesenweber

Band 1

Meiner Sommer – Rundreise durch Kanada

Bibliographische Information der Deutschen Nationalbibliothek: Die Deutsche Nationalbibliothek verzeichnet diese Publikation in der Deutschen Nationalbibliographie, detaillierte bibliographische Daten sind im Internet über http://dnb.dnb.de abrufbar.

© 2021 Riesenweber, Julia

Herstellung und Verlag:
BoD – Books on Demand, Norderstedt

ISBN: 9783753495378

Covergestaltung, Fotos im Buch und Autorenfoto:
Julia Riesenweber

Coverfoto vorne:
Emerald Lake, British Columbia, Kanada

Dieses Buch widme ich all den freundlichen Menschen, die ich auf meiner Reise durch Kanada kennen gelernt habe, und die mir so hilfsbereit zur Seite standen.

Inhaltsverzeichnis

Vorwort

Durch meine Eltern, die selbst gern verreisen, hatte ich schon als Kind das Glück, die große, weite Welt kennen zu lernen.

Als ich dann mein eigenes Geld verdient habe, wollte ich das auf eigene Faust weiterführen. Da mir auch Reisen in Länder vorschwebten, die etwas weiter von Deutschland entfernt sind, habe ich einen Plan entwickelt, wie ich es schaffe, mir Geld für Notfälle und Reisen auf die Seite zu legen, damit ich mir die Reisen dann auch leisten kann. Ich gebe zu, dass ich einen guten Arbeitgeber habe, und daher nicht schlecht verdiene. Reich werde ich mit meinem Job aber sicher nicht. Allerdings hat mein Plan funktioniert und ich habe mir genug Geld auf die Seite legen können.

Kanada stand auf meiner Liste schon immer relativ weit oben. Deshalb habe ich im Jahr 2014 eine Reise dort hin gebucht. Die Reise bestand aus drei Teilen: Zuerst eine Woche wandern in den Rocky Mountains, dann eine Kanutour auf einem wilden Fluss und am Ende noch die Erkundung Vancouver Islands und Vancouvers mit einem Mietwagen.

In diesem Buch erzähle ich die Erlebnisse des

ersten Teils der Reise. Ich war mit einer kleinen Reisegruppe unterwegs, die mich vor Ort aufgegabelt hatte.

Zum Schutz meiner Mitreisenden und des Reiseleiters habe ich außer meinem Eigenen sämtliche Namen komplett geändert und darauf geachtet, Informationen, die ich über meine Mitreisenden erlangt habe, nicht zu verwenden. Ich erwähne diese Leute nur, wenn es für den Verlauf der Ereignisse nötig und unabwendbar ist.

Die Erlebnisse an sich entsprechen aber alle den Tatsachen, so wie sie sich wirklich ereignet haben.

Die restlichen Ereignisse dieses Urlaubs beschreibe ich in weiteren Büchern.

Ich wünsche nun allen meinen Lesern viel Freude mit meinen Erlebnissen im schönen Kanada und hoffe, dass ich durch diese Geschichte andere Menschen dazu inspirieren kann, auch eine Reise nach Kanada zu unternehmen, denn ich kann nur sagen, meiner Meinung nach lohnt es sich absolut!

1. Auf und davon

Der Flug nach Kanada war recht anstrengend, da ich zweimal umsteigen musste. Gestartet bin ich in München. Den ersten Zwischenstopp legte ich in Wien ein. Von dort ging es weiter nach Toronto und nach einem erneuten Umstieg kam ich dann endlich in Calgary an.

Zum Glück hatte ich mir einen Fensterplatz ergattert für den Flug von Wien nach Toronto. Denn das Flugzeug flog über Grönland und da es keine Wolken gab, hatte ich eine geniale Sicht auf die schneebedeckten Berge, die an der Spitze Grönlands bis zum Meer reichen.

Da ich in Calgary ein Hotel am Flughafen bewohnte, war der Weg zur Unterkunft nicht weit. Das Zimmer war sehr gemütlich eingerichtet und trotz der Nähe zum Flughafen konnte ich sehr gut zur Ruhe kommen. Es gab im Zimmer sogar einen Wasserkocher und eine Kaffeemaschine! Der Wasserkocher ist aber im Ausland nach meinen bisherigen Erfahrungen nichts Außergewöhnliches.

10. 08. 2014

Am nächsten Morgen machte ich mich auf, um die kleine Stadt zu erkunden. Calgary gilt als Rodeo – Town. Es gibt ein berühmtes Rodeofestival, die „Calgary Stampede".

Mein Bruder, der einige Jahre zuvor durch Kanada reiste, und auch durch Calgary kam, sagte mir, Calgary sei nicht besonders schön und es gäbe dort nichts Interessantes zu sehen. Seine Meinung in allen Ehren, aber ich teile diese Auffassung nicht. Denn ich fand die Stadt sehr nett und gemütlich und ich habe dort so Einiges entdeckt.

Vor einem Western Store stand eine Pferdestatue. Auf dem Rücken des Pferdes lag eine Decke und darauf stand ein Satz zu lesen, über den ich mich köstlich amüsiert habe. Unwillkürlich fragte man sich, wie man diesen Satz verstehen sollte. Da war doch tatsächlich zu lesen: „Save a Horse, ride a Cowboy". Die weitere Interpretation überlasse ich an dieser Stelle meinen Lesern ...

Vor einem Western Store

In der Stephen Avenue Mall in Downtown gibt es die „Devonian Gardens". Das ist ein kleiner Botanischer Garten unterm Dach des Einkaufszentrums, wo man auch bei schlechtem Wetter zwischen tropischen Pflanzen und Palmen spazieren gehen kann. Es gibt sogar einen hübsch angelegten Koikarpfenteich. Ein kleiner Spaziergang dort ist absolut zu empfehlen.

Ich unternahm auch einen Spaziergang zum Fort Calgary, wo einst die Stadt gegründet wurde. Bei strahlendem Sonnenschein erkundete ich das Fort und das kleine Museum, das die Anfänge der Stadt eindrücklich zeigt. Direkt neben dem Fort fließen die beiden Flüsse Bow River und Elbow River zusammen und es gibt dort einen Aussichtspunkt - ein wunderschönes Panorama.

Am Nachmittag erklomm ich den Calgary Tower. Von dort hat man eine wunderbare Aussicht aus der Vogelperspektive auf die Stadt und bei sehr gutem Wetter und absolut klarer Sicht, kann man dort ab und zu auch die Rocky Mountains sehen. Es gibt dort auch eine kleine Besonderheit: Einen kleinen Skywalk aus stabilen Plexiglasplatten, über die man laufen kann. Man sieht dann direkt unter seinen Füßen die Straßen und die kleinen ameisengleichen Autos. Manch Einer würde so einen Glasboden nicht betreten, ich allerdings liebe so Etwas.

Eine gute Sicht auf die Skyline der Stadt hat man vom „Scottsman`s Hill". Das ist ein kleiner Hügel am Rande der Stadt, direkt über dem Gelände, auf dem die „Calgary Stampede" statt findet. Zur Skyline Calgarys gehört unter Anderem auch der „Saddle Dome", eine Arena, die die Form eines Sattels hat. Ich nutzte die tolle Aussicht und habe mit dem Selbstauslöser – Modus meiner kleinen Kamera einige lustige Fotos geknipst, bevor ich wieder zurück in die Stadt lief. Dort habe ich mir in einem kleinen Cafe noch ein kühles Getränk gegönnt, da es bei 30 Grad im Schatten sehr heiß war. Ich muss sagen, in dieser ersten Woche meiner Reise war das Wetter traumhaft: Sonnenschein pur und warm. Immerhin war ich ja im August in Kanada. Obwohl ich später feststellen musste, dass es zum Wandern fast zu heiß war...

Am Abend fuhr ich mit dem öffentlichen Schuttlebus zurück zu meinem Hotel am Flughafen, wo ich noch eine erholsame Nacht verbrachte.

Scottsman`s Hill

The Ride

2. Auf geht`s in die Rocky Mountains

11. 08. 2014

Am nächsten Morgen traf ich meine kleine Reisegruppe in der Lobby des Hotels. Sie bestand aus 9 weiteren Menschen und einem sehr netten Tour Guide namens Jonas. Unser Gepäck wurde in den Anhänger des kleinen Busses geladen und dann ging es auch schon los. Der Bus hatte sogar einen Namen: „Rose". Jonas erklärte, dass der Bundesstaat Alberta, den wir nun eine Woche lang durchqueren würden, den Namen „Wild Rose Country" trägt und deshalb hatte er den Bus danach benannt.

Vorbei am schönen Kananaskis Country ging es über Canmore nach Banff. Mitten im Banff Nationalpark liegt der Tunnel Mountain Campground, ein großer Campingplatz mitten im Wald gelegen. Er ist zwar umzäunt, aber sobald man die Schranke am Tor durchquert hat, hatte man das Gefühl, mitten im Wald zu sein.

Zuerst luden wir ab und begannen damit, unsere Zelte aufzubauen. Jeder bekam ein eigenes Zelt und eine Isomatte gestellt. Die Zelte waren schnell aufgebaut, da alle zusammen halfen und es tatsächlich Zelte waren, die einfach aufgebaut werden konnten.

Der Mann, der uns die Schranke geöffnet hatte, hatte uns allerdings gewarnt, dass einen Tag zuvor ein Grizzly auf dem Gelände des Campingplatzes herumspaziert war. Das bedeutete äußerste Vorsicht. Diese großen Bären sind gefährlich und daher ist mit so einer Nachricht nicht zu spaßen. Das Gelände ringsum wurde von Rangern überwacht, aber wir trafen trotzdem jegliche Vorsichtsmaßnahmen. Das hieß, dass wir alle Lebensmittel, Zahnpasta, und andere geruchsintensive Dinge im Anhänger des Busses einsperrten und die Tür des Anhängers immer geschlossen sein musste. Im Zelt durfte nichts liegen, was die Bären hätten wittern können. Müll musste in die dafür vorgesehenen Behälter gesteckt werden und der Deckel auf den Mülltonnen musste ebenso immer geschlossen sein. Jonas, der ursprünglich aus den Niederlanden kam, hatte allerdings wirklich Ahnung von Kanada, da er schon lange als Guide arbeitete und ich fühlte mich absolut in guten Händen. Mit all den Sicherheitsvorkehrungen waren wir auch sicher und ich hatte keine Bedenken, im Zelt zu schlafen. Am Eingang des Zeltplatzes war eine interessante Warnung aufgestellt, in Form einer Kühlbox, die ein Bär bearbeitet hatte. Nur für die Touristen, die das mit den Bären nicht ernst nehmen!

Coolers are not bear proof | Les glacières ne sont pas à l'épreuve des ours

Warnung: Kühlboxen sind nicht Bärensicher!

Als Willkommensgeschenk bekam jeder unserer Gruppe eine warme Mütze. Nicht alle Touristen ahnen, dass es auch im August einen kühlen Wind auf irgendwelchen Berggipfeln gibt. Daher ist das schon ein sinnvolles Geschenk. Ich, die in den Bergen aufgewachsen ist, hatte natürlich Mütze, Schal und Handschuhe in meine Reisetasche gepackt. Man kann ja nie wissen. Deshalb hatte ich dann zwei Mützen. Auf der Mütze prangte das Logo der Partneragentur des Reisebüros: Timberwolf Tours. An dieser Stelle sei gesagt, dass Timberwolf Tours sehr gut geplante Touren und super Reiseleiter anbietet. Der Service ist also spitze! Timberwolf bedeutet übersetzt so viel wie „Nachtwolf".

Nachdem die Zelte aufgebaut und die Taschen verstaut waren, gab es eine kleine Lagebesprechung im Camp. Jonas zeigte uns eine Karte vom Banff Nationalpark und erklärte, wo wir in den nächsten Tagen überall sein würden. Dann ging es mit dem Bus sofort los in die Wildnis des Banff Nationalparks. Der erste Halt war am Lake Minnewanka. Dieser See hat ein traumhaftes Panorama – wie jeder andere See in Kanada – und wir wanderten gemütlich den breiten Weg am Wasser entlang. Unterwegs fanden wir am Wegrand einen Strauch mit roten Beeren. Jonas erklärte uns, das seien Buffaloberries. Grizzlys essen diese Beeren sehr gern. Sie sind nicht giftig und theoretisch können wir Menschen diese Beeren auch essen. Jonas ermunterte uns, eine zu probieren. Da ich seinem Wissen vertraute, nahm ich eine der Beeren in den Mund und biss darauf. Ich muss sagen, diese Beeren sind ungenießbar! Denn sie schmecken wahnsinnig bitter! Unwillkürlich fragt man sich, wie einem Grizzly so was schmecken kann.

Direkt am Lake Minnewanka gelegen ist der Stewart Canyon. Es gibt einen schönen Wanderweg direkt an der Schlucht entlang mit Ausblick auf einen Fluss. Allerdings konnten wir nur eine kurze Strecke in dem Canyon laufen, da wir schon bald an eine Schranke kamen, an der ein großes Schild hing, auf dem stand, dass einige Grizzlys in diesem Gebiet unterwegs sind und der Waldweg für Wanderer gesperrt ist. Jonas nahm diese Warnung ernst, daher kehrten wir um und liefen zurük zum See. Unterwegs sahen wir einen jungen Weißkopfseeadler am Himmel kreisen. Das Wappentier der USA ist ein wundervolles Exemplar der Tierwelt und kommt auch in Kanada recht häufig vor. Langsam und *geschmeidig drehte er seine Runden über uns.*

Jonas kannte sich, wie schon erwähnt, ziemlich gut in Kanada aus und wusste so Einiges über Tiere und Pflanzen des Landes zu erzählen. Gern teilte er sein Wissen mit der Gruppe. Daher bekamen wir nun eine Lektion zum Thema Wildlife. Denn Jonas sagte, Bärenspray, das es überall in Kanada zu kaufen gäbe, würde bei einem Schwarzbären vielleicht noch helfen. Bei Grizzlys – den zweitgrößten Bären der Welt (nur der Eisbär ist noch größer) – wäre dieses Spray nur psychologische Kriegsführung! Denn Grizzlys ignorieren das Spray, das ihnen so gar nichts anhaben kann... man könnte sagen, dass ein Grizzly sich kaputt lachen würde, wenn ihm ein unerfahrener Tourist mit so einem Spray entgegen tritt. Man muss sehr nah am Bären stehen, damit er das Spray überhaupt zur Kenntnis nimmt, und so nah will man freiwillig sicher nicht an einen Bären heran treten... Außerdem muss man sowieso erst mal erkennen, ob man in der richtigen Windrichtung steht, damit der Bär, und nicht versehentlich der Mensch selbst, das Spray abbekommt. Und dazu müsste ein Leihe, der wahrscheinlich schon Panik bekommt, wenn der Bär vor ihm steht, erst mal erkennen, wo die richtige Windrichtung ist. Bären können außerdem schneller rennen, klettern und schwimmen, als ein Mensch. Falls man also einem solchen Tier im Wald begegnet, sollte man lieber nicht wegrennen. Denn das weckt den Jagdtrieb des Tieres und er rennt hinterher. Dabei wird der Bär das Rennen immer gewinnen. Die Kanadier sind allerdings sehr humorvoll und erzählen gern, man dürfe schon in Panik wegrennen. Man müsse dabei nur einen Begleiter dabei haben und schneller laufen können als der Partner! Tatsächlich hilft es, leise und ruhig auf den Bären einzureden und sich ganz langsam zurückzuziehen. Im Zweifel kann man auch in die Hocke gehen und hoffen, der Bär erkennt, dass sich der Mensch klein gemacht hat und da er nun kleiner wirkt, keine Bedrohung für das Tier darstellt. Dann wird sich der Bär entscheiden, wegzugehen. Allgemein gilt: Am Besten in großen Gruppen unterwegs sein und Lärm machen. Lärm verscheucht die Bären schon, wenn sie noch weit genug weg sind. Dann kommen sie gar nicht auf die Idee in Richtung der Wanderer ihrer Witterung zu folgen. Unsere Gruppe war sich einig, dass uns keine Gefahr drohen konnte, da wir stets am quasseln waren.

Auf dem Heimweg zum Campingplatz fuhren wir

noch an einem weiteren kleinen See vorbei. Er hieß Two Jack Lake. Dort legten wir eine kurze Pause ein und uns kam die Idee, unsere Füße etwas abzukühlen, da es 30 Grad hatte. Also zogen wir Schuhe und Socken aus und liefen barfuß durch den wunderbar kühlen See.

Auf dem letzten Stück Straße zum Campingplatz begegneten uns einige Big Horn Sheep. Diese für ihre riesigen Hörner bekannten Tiere liefen gemächlich auf der Straße vor unserem Bus her und machten keine Anstalten, die Straße zu verlassen. Als kein Gegenverkehr kam, überholte Jonas die Schafe. Die Tiere leben in der Wildnis Kanadas. Zum Schutz von Wildtieren gibt es in dem Land so genannte Wild-Life-Bridges. Das sind Brücken, die von einer zur anderen Straßenseite über viele Schnellstraßen führen. Die Autos fahren unter den Brücken hindurch und die Tiere können oben drüber laufen, um gefahrlos die Straße zu überqueren. Diese Brücken findet man in sehr vielen Nationalparks Kanadas.

Zurück auf dem Campingplatz kochten wir gemeinsam das Abendessen über dem offenem Lagerfeuer. Jonas hatte sogar Marshmallows besorgt, die wir als Nachtisch an langen

Stöcken grillten. Das ist eine tolle Sache. Gegrillt schmecken die Marshmallows sehr lecker. Man kann dabei auch Experimente machen. Denn wenn man sie zu lang in die Flamme hält, kann es ein, dass sie verbrennen. Das sieht dann aus, als hätte man eine kleine Fackel. Es macht Spaß in der Dunkelheit am warmen Lagerfeuer zu sitzen, sich Geschichten zu erzählen und dabei Marshmallows zu grillen!

Da einige meiner Mitreisenden wie ich aus Deutschland kamen, hatte Jonas die fabelhafte Idee, jeden Morgen sehr früh aufzustehen und zu einer Bäckerei in der Nähe des Campground zu fahren. Er kannte in ganz Alberta überall eine Bäckerei, die tatsächlich verschiedenes Brot anbot. Wir hatten also jeden Morgen zum Frühstück original deutsches Brot! Damit hat Jonas uns ganz schön verwöhnt und ich sage an dieser Stelle danke für diese Mühe! Das ist die kanadische Mentalität, und scheinbar auch die holländische, den Mitmenschen eine Freude zu machen. Und hierbei sei mit dem Vorurteil aufgeräumt, in Kanada oder der USA gäbe es kein richtiges Brot und man müsse immer nur weißen Toast essen! Denn wenn man weiß, wo man fragen muss, bekommt man in Nordamerika durchaus echtes Brot! Und zur Abwechslung zum weißen auch mal Vollkorntoast.

Ich bin sowieso jemand, der sehr genügsam ist. Denn ich kann auch mal auf Luxus verzichten. Mir reicht ein Kaffee und eine Scheibe Marmeladentoast durchaus zum Frühstück. Allerdings hat man natürlich beim Camping keine Bohnenkaffeemaschine dabei. Manch einen würde das stören. Ich komme auch mal eine Zeit lang mit Instantkaffeepulver aus! Wobei selbstverständlich auch mir echter Bohnenkaffee besser schmeckt... aber lieber Instantkaffee, als gar keiner! Unsere Reisegruppe entwickelte für solch kleine Entbehrungen die Aussage „That`s Camping!" Und es passierte des Öfteren, dass wir uns scherzhaft daran erinnerten, dass wir gerade auf Campingtour waren, und nicht in einem Luxushotel, wobei dann immer einer aus der Gruppe rief: „Hey, that`s Camping!" Am Ende wurde das auch zum Motto unserer Wander – Camping – Woche.

Lake Minnewanka

Stewart Canyon im Banff Nationalpark

Two Jack Lake

Wild-Life-Bridge

3. Jetzt wird es steil

Am heutigen Morgen hieß es sehr früh aufzustehen. Denn heute sollte unsere Tagesbeschäftigung sein, den Mount Bourgeau im Banff Nationalpark zu besteigen. Wir haben uns schon früh morgens auf den Weg gemacht, damit wir schon recht weit gekommen sind, wenn wir in die Mittagshitze kommen. Denn es waren wieder 30 Grad im Schatten angesagt. Der Aufstieg bis zum Bourgeau Lake sollte voraussichtlich circa 3 Stunden dauern. Dort war eine längere Pause eingeplant. Ab dem See gab es zwei verschiedene Möglichkeiten für die Gruppe. Wir konnten wählen, ob wir noch weitere 3 Stunden wandern und den Gipfel des Bourgeau Mountain erklimmen wollten, wobei wir dann noch einmal 2 Stunden für den Rückweg vom Gipfel zum See brauchen würden, oder ob wir am See Pause machen wollten um auf die Rückkehr der Gipfelstürmertruppe zu warten. Ein Teil unserer Gruppe wollte die komplette Gipfeltour machen. Das hieß, sie würden 3 Stunden bis zum See, dann noch einmal 3 Stunden zum Gipfel und 2 Stunden zurück zum See laufen. Für den Abstieg ins Tal waren noch einmal 2 Stunden geplant. Allerdings gab es in der Gruppe auch

Leute, denen das zu viel war. Ich entschied mich auch für die zweite Variante und blieb mit einigen anderen am Bourgeau Lake, bis die Gipfeltruppe zurück kam. Die 5 Stunden, die für diese Variante gebraucht wurden, waren uns genug. Und die Wartezeit ging recht schnell vorüber, da wir uns viel zu erzählen hatten. Die Zurückgebliebenen unterhielten sich über Gott und die Welt und wir gingen sogar zum Spaß auf Goldsuche, da uns der kleine, nette See ein bisschen an Karl May und den Schatz im Silbersee erinnerte. Am Ende fanden wir wirklich etwas Wertvolles: Einen Stein mit einem Bergkristall.

Der Aufstieg vom Tal begann recht harmlos. Es gab einen kleinen Pfad durch den Wald und wir liefen gemütlich los. Ich bin im Karwendelgebirge aufgewachsen und liebe die Berge. Die Rocky Mountains sehen aber komplett anders aus, als die heimischen Berge, weshalb es sehr spannend war, durch die kanadischen Wälder und vorbei an Wasserfällen zu wandern. Eines stellte ich aber sehr schnell fest. In Deutschland, Österreich oder auch Italien gibt es sogenannte Serpentinen. Das sind enge Kurven, die sich den Berghang hinauf schlängeln und den Weg entzerren, so dass er nicht mehr ganz so steil ist. Das haben sich die Menschen, die in Kanada Wanderwege angelegt haben, komplett gespart. Und das wiederum bedeutet, dass man in den Rockys immer die Direkte hinauf muss! Was zur Folge hat, dass die Wege entsprechend steil sind! Das darf man nicht unterschätzen, da ich persönlich es wesentlich anstrengender finde, die Direkte und somit steilere Wege zu bezwingen, als gemütlich den Serpentinen zu folgen! Das war auch der Grund, warum ich mich entschlossen habe, die Gipfeltour ausfallen zu lassen. Solang wir durch den Wald liefen, war das ja noch erträglich. Aber irgendwann erreichten wir die Baumgrenze. Ab da gab es keinen Millimeter Schatten mehr und wir liefen in der prallen Mittagssonne, die erbarmungslos auf uns niederbrannte. Die Landschaft und die Ausblicke ins Tal sind aber absolut atemberaubend!

Am Bourgeau Lake machten wir auch Bekanntschaft mit den lustigen Squirrels, einer Art Streifenhörnchen, die in Kanada überall zu finden sind. Am Mount Bourgeau gab es diese possierlichen Tierchen in großer Zahl. Nun sind diese Nager nicht wirklich scheu. Wenn man sich auf einen Stein setzt und kurz abwartet, kommen sie relativ schnell sehr nah heran. Man kann sie beobachten und sie fressen einem sogar Brotkrümel aus der Hand. Ein Squirrel versuchte sogar, eine Bananenschale anzuknabbern. Und wenn man nicht aufpasst, sind sie sehr schnell auch im Rucksack verschwunden, falls sie dort etwas Essbares wittern. Ein Tipp von mir: Den Rucksack immer geschlossen halten, wenn man ihn neben sich abstellt! Die Zutraulichkeit der Tiere hat den Vorteil, dass man sie ohne Probleme fotografieren kann, da sie keine Anstalten machen, wegzulaufen.

Lake Bourgeau

Wasserfall in den Wäldern Kanadas

Jonas, unser Tourguide, gab uns wieder viel Wissenswertes mit auf den Weg. Ich kann es nicht oft genug sagen: Reisen bildet! Er kannte sich mit sämtlichen kanadischen Pflanzen aus und zeigte uns zum Beispiel den Old Man`s Beart. Das ist ein Geflecht aus Moosen und Pilzen und hängt meist von den Bäumen herab, wie der Bart eines alten Mannes. Daher auch der Name. Es gibt diese Moose aber auch am Waldboden im Schatten. Noch nie gehört hatte ich von den Bunch Berries. Sie haben weiße, kleine Blüten und orange Beeren, die traubenartig zusammen hängen. Eine tolle Pflanze ist auch das Fire Weed. Dieses Gewächs hat hell – lila bis pinke Blüten und wächst überall in Kanada. Nach einem Buschbrand ist das Fire Weed die erste Pflanze, die wieder wächst. Das gab ihr den Namen. Aus dieser Blume kann man Limonade herstellen, die sehr lecker ist! Sollte man in einem Kanadaurlaub unbedingt probieren! Unsere Gruppe stellte fest, dass Kanadas Wälder ein Fest für Vegetarier sind und man niemals verhungern würde, sollte man sich einmal verlaufen! Denn Jonas erklärte bei jeder zweiten Pflanze, die er uns zeigte, dass man sie essen könne, wenn sie frisch ist! Allerdings müsste man die Pflanzen wohl tonnenweise essen, um satt zu werden, es gibt sie aber auch *in sehr großer Zahl.*

Die Gipfelstürmer erzählten uns nach ihrer Rückkehr zum See, dass sie vom Gipfel des Mount Bourgeau aus den Mount Assiniboine gesehen haben. Der Mount Assiniboine wird auch als „Matterhorn of the Rockys" bezeichnet, da er wohl dem Matterhorn ähnlich sieht.

Es war ein erlebnisreicher Tag und wir hatten eine gute Idee, wie wir ihn ausklingen lassen konnten. Abends schauten wir nämlich noch bei den Banff Hot Springs vorbei. Das sind heiße Quellen und im 40 Grad heißen Wasser konnten wir unsere stark beanspruchten Muskeln wunderbar entspannen. Eine absolute Wohltat nach so einer Wanderung.

Eine meiner Mitreisenden – Anna – begann ab dieser Wanderung, jeden Morgen beim Frühstück als erstes Jonas zu fragen, wie steil es wohl heute wieder werden würde. Worauf Jonas allerdings immer nur mit einem netten Lächeln antwortete.

Fire Weed

4. Seen, Berge, Wälder, das ist Kanada

Der nächste Tag begann mit einer Fahrt auf einer Straße, die uns zu einem Aussichtspunkt bringen sollte, von dem aus man den Tunnel Mountain und das berühmte Banff Springs Hotel sehen kann. Das Hotel ist nicht für meinen Geldbeutel geeignet, da es ein Luxushotel ist. Aber es sieht toll aus, wie es sich mitten in den Wäldern traumhaft in die Kulisse des Banff Nationalparks einfügt. Von dem Aussichtspunkt kann man auch den Bow River sehen, der sich durch das Tal schlängelt und eine Felsformation entdecken, die den lustigen Namen „The Hoodoos" trägt. Diese Felsformation besteht aus verschieden großen Felsnadeln, die sich in strahlendem Weiß von den Bäumen abheben. Die Fahrt zurück ins Tal führte uns an den Bow Falls vorbei, bei denen wir selbstverständlich auch anhielten.

Dann ging es ins Stadtzentrum der kleinen Stadt Banff, die sich wunderbar in die Berglandschaft des Nationalparks einfügt. Man kann dort den Cascade Mountain sehen. Aber am eindrucksvollsten ist der Mount Rundle, der sich malerisch hinter der Stadt erhebt. Gemütlich spazierten wir durch die Stadt und ließen es uns nicht nehmen, auch einen Kaffee zu trinken. Mein Bruder, der schon mehrere Monate in Banff gewohnt hat, empfahl mir hierzu das „Evelyn`s". Das ist ein kleines Cafe in der Haupstraße, der Buffalo Street und dort gibt es wirklich sehr guten Kaffee. Selbstverständlich habe ich mir das von meinem Bruder empfohlene Gebäckteilchen dort besorgt, das ich dann mit Blick auf den Bow River (der auch durch die Stadt fließt) genüsslich verspeist habe. Banff ist eine nette Stadt und ich kann mir sehr gut vorstellen, dass es sich dort gut leben lässt, umgeben von den Bergen.

Am frühen Vormittag ging es dann mit dem Bus weiter durch den Bundesstaat Alberta. Wir fuhren vorbei am Castle Mountain und dem Bow Lake bis zum berühmten Lake Louise. Dort angekommen sahen wir uns zuerst direkt an dem eisblauen See um. Jonas lehrte uns, dass diese eisblaue Farbe durch Algen und Sonnenlicht entsteht. Wir liefen am See entlang und vorbei am Fairmont Chateau, einem Luxushotel direkt am Lake Louise. Auf einem kleinen Steg direkt am Ufer stellten wir uns für ein Gruppenfoto in Pose. Auf der anderen Seite des Lakes betrachteten wir den Victoria Glacier. Ein lautes Donnern, das über den See bis zu uns herüber hallte, ließ vermuten, dass Schnee vom Gletscher abgebrochen war. Ein gespenstisches Geräusch in der Stille, in der der Lake Louise an diesem Vormittag da lag. Touristen waren gerade nur vereinzelt zu sehen, was uns den Vorteil verschaffte, einen Blick über den See ohne Menschenmassen zu erhaschen.

Dann liefen wir rechts vom See den Weg entlang. Spätestens, als Jonas an einer Weggabelung den Wanderpfad benutzte, der aufwärts führte, statt weiter gerade aus am Ufer entlang zu laufen, kam von Anna die berühmte Frage: „Jonas, wie steil wird es heute?" Nun, ihre Frage war ja berechtigt. Denn es war schon wieder sehr warm und sollte auch an diesem Tag einmal mehr Temperaturen über dreißig Grad erreichen. Einerseits freuten wir uns ja über den Sonnenschein und das tolle Urlaubswetter! Andererseits waren diese Temperaturen zum Wandern eher zu heiß. Es war, wie wir es schon gewöhnt waren. Der Pfad ging erst harmlos leicht nach oben. Aber schon nach kurzer Zeit gab es einen steilen Anstieg. Allerdings muss ich sagen, hier gab es tatsächlich ein paar Serpentinen und der Weg war durchaus angenehm zu laufen. Zwischen den Bäumen hindurch glitzerte auf unserem Weg immer wieder der Lake Louise durch die Zweige und wir erfreuten uns an dem tollen Anblick des eisblauen Wassers.

Lake Louise und Victoria Glacier

Nach kurzer Zeit erreichten wir den Mirror Lake. Das ist ein kleiner, runder See, der an einen Spiegel erinnert. Von hier aus gibt es zwei Wege hinauf zum Lake Agnes, unserem Ziel. Wir liefen linkst neben dem Mirror Lake nach oben und beim Rückweg kamen wir an einem Wasserfall vorbei und auf der rechten Seite des Mirror Lakes herab. Auf dem Weg hinauf entdeckten wir einen weißen Vogel mit schwarzen Flügeln in den Büschen. Jonas hatte natürlich den Namen des Tieres parat. Der Vogel hieß Clark`s Nutcracker. Ein weiterer Flugkünstler mit taubengrauem Gefieder wurde Gray Jay genannt. Dieser hatte sogar noch zwei Spitznamen. Die Kanadier nennen den Gray Jay meist Whiskey Jack oder Camp Robber. Er klaut wohl gern die Brotzeit von nichts ahnenden Touristen, wenn diese einmal nicht aufpassen.

Bald kamen wir am Beehive vorüber. Das ist eine Felsformation, die an einen Bienenhügel erinnert. Oben am Lake Agnes angekommen, setzten wir uns auf die Bänke direkt am Teehaus und packten unseren Proviant aus, um eine Mittagspause einzulegen. Dabei genossen wir die Aussicht auf den schönen Lake Agnes.

Mirror Lake mit Beehive

Lake Agnes

Damit wir die komplette Schönheit Kanadas genießen konnten und auch keinen der wichtigen Seen verpassten, die als „Must-See" gelten, fuhren wir am Nachmittag noch zum Moraine Lake. Dieser See erstrahlt in einem ganz eindrucksvollen Blau und dient sehr häufig als Postkartenmotiv oder als Coverfoto für Bücher über die Rocky Mountains. Er kuschelt sich in die Berglandschaft und ist umgeben von typisch kanadischen Wäldern aus dunkelgrünen Nadelbäumen. Wir kletterten ein paar Felsen hinauf und suchten uns einen schönen Platz, um die traumhafte Kulisse des Moraine Lake auf uns wirken zu lassen.

Nach einer kurzen Pause fuhren wir weiter zum Campingplatz in Lake Louise, wo wir die nächsten Nächte verbringen wollten. Die Zelte waren recht schnell aufgebaut, da wir mittlerweile Übung darin hatten und wir konnten uns frisch machen. Auf diesem Zeltplatz mussten wir allerdings feststellen, dass das Waschhaus mit Dusche und Toiletten von unseren Zelten ungefähr zehn Gehminuten entfernt waren. Aber wir waren im Urlaub und hatten daher Zeit. Also fügten wir uns in dieses Schicksal. Wieder einmal stellte unsere Gruppe fest: „That`s Camping!"

Moraine Lake

Typisch Kanada: Nadelwälder

5. Ein Tag in British Columbia

14. 08. 2014

Früh morgens brachen wir auf, um in den Nachbarbundesstaat von Alberta zu fahren: Nach British Columbia. Dort erwartete uns die Perle von B. C. - der Emerald Lake. Und ich muss sagen, dass der See diesen Titel zurecht trägt! Smaragdgrün leuchtet er im strahlenden Sonnenlicht. Der Emerald Lake liegt im schönen Yoho Nationalpark. Unsere Reisegruppe, die sich nun schon ein bisschen kannte, teilte sich in kleine Gruppen auf. Ich machte mich mit Emma auf den Weg, um den See zu erkunden. Wir liefen einfach drauf los und spazierten gemütlich am Ufer entlang. Es gab einen schönen Rundweg um den See und immer wieder traumhafte Ausblicke auf dieses nasse Juwel. Ich würde fast sagen, dass der Emerald Lake einer der schönsten Seen ist, die Kanada zu bieten hat! Teilweise war der Weg etwas matschig. Aber es war vorgesorgt worden. Denn an diesen Stellen waren Holzstege angebracht. Es war wieder ein sehr schöner, warmer Tag, den wir in den umliegenden Wäldern richtig genießen konnten. Zwischen den Bäumen am Ufer blühte eine Vielzahl an bunten Blumen. Am schönsten fand ich die großen Mengen an Fire Weed, die sich farbenfroh von dem grünen See abhoben.

An der Stelle, wo der Parkplatz ist, gab es ein Restaurant und Emma hatte die gute Idee, sich dort eine Erfrischung zu holen. Wir setzten uns in den Schatten und bestellten erst eine Tasse Kaffee und danach noch ein kühles Getränk. Dazu ließen wir uns einen absolut leckeren Chocolate – Cake schmecken. Danach liefen wir noch eine Weile am Ufer des Sees entlang und setzten uns auf eine Bank am Ufer, um die Landschaft zu genießen und zu quatschen. Ein kleines Squirrel leistete uns Gesellschaft. Es beobachtete uns ganz genau und da wir ruhig sitzen blieben und es anscheinend bemerkte, dass von uns keine Gefahr ausging, kam es nah zu uns heran und knabberte an einer Nuss, die es auf dem Waldboden gefunden hatte. Als andere Wanderer vorbei gingen, laut redend, verschwand es auf den nächsten Baum, um recht bald wieder zu unserer Bank zurück zu kommen. Scheinbar mochte das Tier uns. Es war eine Uhrzeit ausgemacht worden, zu der wir uns am Parkplatz wieder alle treffen sollten. Wir kehrten noch einmal ein, tranken die leckere Fire Weed Limonade und unterhielten uns über die Erlebnisse der einzelnen Kleingruppen hier am schönen Emerald Lake.

Emerald Lake

Bald darauf ging unsere Fahrt durch den Yoho Nationalpark in British Columbia weiter. Eigentlich stand der nächste Halt gar nicht offiziell auf dem Plan. Aber Jonas, unser Guide, kannte sich in der Gegend sehr gut aus. Daher wollte er uns die Natural Bridge nicht vorenthalten und machte einen kleinen Umweg. Die Natural Bridge ist ein Fels, der wie eine Brücke aussieht. Diese Steinbrücke führt über den Kicking Horse River. Wir bogen also ab und fuhren eine kleine Straße entlang. Als wir angekommen waren, stiegen wir aus und liefen ein Stückchen am Fluss entlang. Und da sahen wir sie. Die Natural Bridge könnte man folgendermaßen beschreiben: Von beiden Uferseiten des Kicking Horse Rivers ragten Felsen in den Fluss hinein. Die Felsen liefen in der Mitte zusammen und bildeten einen kleinen Weg. Wahrscheinlich hatte das Wasser des Flusses sich einen Weg gesucht, wo es weiter kam und in Millionen von Jahren die Felsen ausgewaschen und abgetragen. Und dadurch ist die Brücke entstanden. Man kann die Brücke aber nur theoretisch überqueren. Denn man kommt nicht wirklich zu den Felsen hinunter. Aber als Fotomotiv dienen diese Felsen allemal und es gibt einen Aussichtspunkt, von wo aus man die Brücke gut sehen kann.

Natural Bridge, Yoho Nationalpark, B. C.

Der Kicking Horse River hat noch ein weiteres Highlight zu bieten. Und auch dieses Naturschauspiel wollten wir uns ansehen. Also machten wir uns auf den Weg zu den 254 m hohen Takakkaw Falls. Schon die Straße zu den Wasserfällen ist ein reines Abenteuer! Sie ist sehr schmal und einspurig und es gibt viele scharfe Kurven. Wir fuhren mit unserem breiten Bus die Straße entlang und fragten uns ständig, was wohl geschehen würde, wenn Gegenverkehr käme! An einer Kurve musste Jonas sogar mehrmals rangieren, um überhaupt um die Kurve herum zu kommen! Zum Glück sind diese Wasserfälle weniger bekannt und daher kommen nicht Millionen von Touristen auf die Idee, sie zu besuchen. Deshalb waren wir allein auf der Straße unterwegs und die Überlegungen über entgegen kommende Fahrzeuge blieben nur Gedanken. Wir liefen den kleinen Weg zu den Wasserfällen hinunter und von Weitem hörten wir schon das laute Donnern des Wassers, das sich über die Felsen in Tiefe stürzt. Da es leicht windig war, kam uns ein feiner Wassertröpfchennebel entgegen, sobald die Wasserfälle in Sicht kamen. Es ist doch immer wieder beeindruckend, die Kraft des Wassers zu beobachten.

Takakkaw Falls, Kicking Horse River

Auch auf dem Rückweg begegnete uns niemand und wir kamen ohne Hindernisse zurück auf den Highway. Der letzte Halt auf unserer Tour durch British Columbia war die Fahrt über den Kicking Horse Pass. Dort gibt es auch eine Attraktion, die man auf einer Reise durch Kanada auf keinen Fall verpassen sollte. Denn dort sind die Spiral Tunnels. Das ist ein ewig langer Tunnel durch den Fels. Wir hatten das Glück, dass genau zu dem Zeitpunkt, als wir an den Spiral Tunnels ankamen, ein Zug kam. Dazu sollte man noch anmerken, dass es in Kanada sehr lange Güterzüge gibt. Wenn man an einer Bahnschranke steht, hat man das Gefühl, man würde Stunden warten und der Zug würde niemals mehr enden. Wenn ein Zug oben in die Spiral Tunnels hinein fährt, und man wartet dann eine Weile, dann kommt die Lok unten wieder heraus, obwohl der letzte Wagon oben noch gar nicht in die Tunnels hinein gefahren ist. Das ist schwer zu beschreiben und hört sich unglaublich an, ist aber wahr. Glauben kann man das allerdings nur, wenn man es mit eigenen Augen sieht! Das ging mir selbst ja auch so. Unser Guide erzählte uns, er habe es noch nie erlebt, dass ein Zug kam, wenn er gerade mit einer Reisegruppe dort gehalten hat. Er freute sich sehr, uns dieses Erlebnis zeigen zu können.

An diesem Abend kehrten wir sehr spät nach Alberta zurück. Als wir den Campingplatz bei Lake Louise erreichten, war es bereits dunkel. Gemeinsam bereiteten wir unser Abendessen zu und deckten den Tisch. Allerdings begann es zu regnen, kurz bevor wir essen wollten. Daher spannten wir eine Plane über unserem Tisch, der unter freiem Himmel stand, und da es schon stockdunkel war, saßen wir mit Stirnlampen am Tisch. Da soll noch einer sagen, wir wären nicht auf alle Eventualitäten vorbereitet! Es wurde ein gemütliches Essen trotz der Dunkelheit, während wir mit Regenjacken und in Decken eingemummelt unter der Plane saßen. Nach dem Essen gingen wir sehr bald schlafen, da wir am nächsten Tag wieder früh aufstehen mussten. Es ist ein schönes Gefühl, im warmen Schlafsack zu liegen, während der Regen ans Zelt trommelt und trotz der Tatsache, dass es durch den Regen in dieser Nacht stark abkühlte, konnte ich wunderbar schlafen.

6. Unterwegs auf dem Icefield Parkway

Heute machten wir uns auf den Weg zum Icefield Parkway. Der erste Halt an diesem Tag war wieder einmal ein wunderbarer See. Heute erkundeten wir den Peyto Lake. Er ist eisblau und hat die Form einer Banane. Auf der rechten Uferseite sieht es so aus, als hätte er drei Finger. Dieser See ist also sehr leicht zu erkennen und traumhaft schön. Das Wetter war nach dem Regen der letzten Nacht wieder wunderbar sommerlich. Die Berge spiegelten sich auf der glatten Oberfläche des Sees und man hatte einen tollen Blick auf den nahe gelegenen Bow Summit und den Peyto Glacier. Wie an allen Sehenswürdigkeiten in Kanada gab es auch hier einen Parkplatz. Ein kleiner Wanderweg führte bis zum Aussichtspunkt, von wo man einen freien Blick auf den Peyto Lake hat. Es war nicht besonders steil, was vor allem Anna freute, die es sich trotzdem nicht nehmen ließ, Jonas zu fragen, wie steil es an diesem Tag werden würde. Er grinste, da er wusste, dass der Peyto Lake nicht die einzige Station an diesem Tag sein würde und natürlich sollten wir auch heute wieder die nun schon gewohnten, steilen Hänge der Rockys zu spüren bekommen!

Peyto Lake

Nachdem wir eine Weile gefahren waren, hielten wir mitten in der Pampa auf einem Kiesfeld, das wohl ein nicht ausgeschilderter Parkplatz war. Dort bauten wir schnell unseren Klapptisch auf und bereiteten einen leckeren Salat zu. Wir aßen gemütlich zu Mittag und packen alles wieder ein. Dann fuhren wir noch ein Stück den Icefield Parkway hinauf und hielten auf einem kleinen Parkplatz. Wir überquerten die Straße und machten uns auf den Weg, die steilen Hänge hinauf. Zuerst liefen wir durch einen kleinen Wald, dann ging es einen schmalen Kies- Erdweg hinauf, der sich durchaus in Serpentinen aber trotzdem sehr steil, den Hang hinaufwand. Die Gegend wurde Parker Ridge genannt. Anna fand einen schönen, geraden Stock, den sie von da an als Wanderstock nutze. Die Sonne brannte wieder einmal heiß und erbarmungslos vom Himmel. Unser Ziel war eine kleine Bergwiese, von wo aus wir einen tollen Blick auf den North Saskatchewan Glacier hatten. Dieser kleine Gletscher befindet sich auf der Rückseite des Columbia Icefields und ist ein Teil davon. Wir machten eine lange Pause auf der Bergwiese und genossen den Blick über zahlreiche Blumen und den Gletscher. Über uns sahen wir einen Adler kreisen. Hier bekamen wir unsere nächste

Lektion: Gletscherkunde! Ein Eisfeld ist nämlich eine Zusammenfassung von mehreren Gletschern. Der North Saskatchewan Glacier gehört, wie schon erwähnt, zum Columbia Icefield, sowie der Athabasca Glacier (der berühmteste und meist fotografierte Gletscher).

Während unserer Pause schnitze Anna in ihren Wanderstock wunderbare Muster und sie kam auf eine gute Idee. Sie bat uns alle darum, dass jeder seinen Namen in den Stock schnitzen sollte, damit die gesamte Gruppe auf diesem Wanderstock verewigt ist. Dieser Bitte kamen wir natürlich gern nach.

Bei der Traumkulisse des Gletschers kam uns dann noch eine weitere Idee, die wir sofort in die Tat umsetzten. Wir nahmen alle unsere Mütze, die wir von Jonas anfangs geschenkt bekommen hatten, aus unseren Rucksäcken und setzten sie auf. Es entstand ein wunderbares Gruppenfoto, auf dem alle die Mütze trugen, mit dem Gletscher im Hintergrund.

Wir wanderten langsam zurück zu unserem Bus, um dem berühmten Athabasca Glacier einen Besuch abzustatten. Es sollte nur ein relativ kurzer Stopp werden, weshalb ich ohne Rucksack und auch ohne Mütze ausstieg, da es an der Straße nicht kalt wirkte. Wir machten uns auf den Weg zum Ende der Gletscherzunge des Athabasca Glaciers und als wir den breiten Kiesweg hinauf liefen, staunten wir über den schnellen Rückgang des Eises. Wo die Gletscherzunge früher einmal endete, waren Schilder angebracht. Der Klimawandel lässt grüßen!!! Wenn jemand diese gravierende Veränderung unseres Klimas leugnen sollte, empfehle ich, diesen Weg entlang zu laufen und die Schilder mit den Aufschriften der Jahreszahlen zu lesen. Spätestens dann wird einem bewusst, dass der Klimawandel tatsächlich existiert! Als ich an der Gletscherzunge ankam, stellte ich fest, dass dort ein eisiger Wind wehte und spätestens jetzt fragte ich mich, warum ich ausgerechnet hier meine Mütze im Auto gelassen hatte! Selbstverständlich lernten wir auch hier wieder so Einiges von unserem Guide. Das Eis des Athabasca Glaciers ist hier an der Gletscherzunge 365 m dick und dieser Gletscher ist der Berühmteste des Columbia Icefields. Das gesamte Columbia Icefield enthält mehr Wasser als alle Seen in Kanada zusammen genommen! Wenn man einmal zählen würde, wie viele Seen Kanada hat, ergibt das wohl eine so große Zahl an Litern Wasser, dass es mir fast unvorstellbar vorkommt.

Abends kamen wir auf dem Campingplatz „The Whistlers" bei Jasper an und bereiteten gemeinsam unser Abendessen zu. Hier gab es neben unseren Zelten sogar ein Häuschen, in dem die Tische standen, an denen wir essen konnten. Nach dem Essen besuchte ich das Waschhaus um eine heiße Dusche zu genießen. Das Handtuch legte ich (in Ermangelung einer Wäscheleine) zum Trocknen auf das Zelt. Da es aber Abends kühl wurde, war das ein erfolgloser Versuch, das Handtuch tatsächlich trocken zu bekommen... : „That`s Camping!"

Da dunkelgraue, fast schon schwarze Wolken heraufzogen, und vereinzelt Blitze am Himmel zuckten, befürchteten wir zurecht, dass diese Nacht ein großes Gewitter auf uns zurollen sollte. Annas Sohn Thomas, der neben ihrem Mann Holger mit auf dieser Reise war, versuchte sich im Holz hacken. Thomas stellte sich recht geschickt an, sodass wir uns schon auf das wärmende Feuer in dem Kamin im Küchenhaus freuten. Er versuchte sich dann auch darin, ein Feuer anzuzünden. Doch selbst mit der Hilfe anderer Gruppenmitglieder, wollte es ihm nicht wirklich gelingen. Unser Guide Jonas kam ein wenig später zu uns und beobachtete das Geschehen eine Weile. Er brachte auch die Nachrichten mit. Es war tatsächlich ein Thunderstorm angekündigt. Also ein recht schweres Gewitter mit Sturmböen. Es versteht sich von selbst, dass er uns am Ende aus der Patsche half und uns lehrte, wie man ein Feuer anzündet. Zuerst stellte er die von Thomas gehackten Holzscheite pyramidenförmig in den Ofen. Dann ging er hinaus und kam wenig später mit den wichtigsten Utensilien für ein gutes Feuer zurück: Trockene Nadeln von den Bäumen! Diese verteilte er großzügig im Kamin und auf den Holzscheiten. Dann schob er dazwischen einiges an Papier. Als er am Ende das Ganze anzündete, loderte bald ein helles, warmes Feuer in unserem Kamin und wir konnten es uns im Küchenhaus gemütlich machen. Wir saßen im Warmen und erzählten uns Geschichten aus unserem Leben, während draußen der Sturm tobte. Allerdings zog dieser nur über uns hinweg und war schon bald wieder vorbei. Wir hatten also durchaus eine ruhige Nacht in unseren Zelten.

Ein wärmendes Feuer im Kamin

7. Abenteuer im Jasper Nationalpark

Am nächsten Tag machten wir uns auf den Weg zum Maligne Lake. Auf dem Weg begegnete uns ein kleines Wapiti im Wald. Hier gab es wieder einmal verschiedene Möglichkeiten, wie wir unseren Tag verbringen konnten. Die eine Hälfte unserer Gruppe unternahm mit Jonas eine Wanderung in der Nähe des Sees. Anna, ihr Mann Holger, der Sohn Thomas, Emma und ich entschieden uns für die zweite Variante. Wir spazierten am Maligne Lake entlang und unternahmen eine schöne Bootsfahrt über den See zur berühmten Insel Spirit Island. Diese kleine Insel strahlt eine Magie aus. Vor allem bei Sonnenschein, so sagt man. Da dieser heute Morgen aber nicht vorhanden war, konnten wir Spirit Island bei bewölktem Himmel ablichten. Und das hat auch seinen Reiz. Es ist ein traumhafter Ort, der wie in einer Sagenwelt wirkt.

Auf dem Rückweg hielten wir am Medicine Lake an. Dies ist ein langgezogener See, der auf den ersten Blick recht unscheinbar wirkt. Was niemand ahnt, wenn er den See ansieht: Unter dem See gibt es zahlreiche Höhlen. Und zu einer bestimmten Jahreszeit sickert das gesamte Wasser des Sees in diese Höhlen und der See ist komplett leer. Das Wasser fließt dann im Maligne Canyon ab. Irgendwann regnet es wieder und er Medicine Lake füllt sich erneut mit Wasser. Da das Wasser nicht im August absickert, muss ich diese Geschichte meinem Guide an dieser Stelle einfach glauben. Überprüfen konnte ich es nicht. Aber Jonas hat sehr viel Wissen, das er sehr gern mit uns geteilt hat. Daher denke ich, dass diese Geschichte wohl der Wahrheit entspricht.

Am Nachmittag unternahm die Gruppe noch eine weitere Wanderung in der Nähe von Jasper. Ich jedoch brach zu einem weiteren Abenteuer auf, das ich schon beim Buchen der Reise mit eingeplant hatte. Denn es ist so, dass ich einen Film gesehen hatte, in dem traumhafte Filmaufnahmen im Kananaskis Country gedreht wurden und bei dem die Hauptdarsteller mit Pferden unterwegs waren. Da ich gefühlt meine halbe Kindheit auf dem Rücken irgendwelcher Pferde verbracht habe, und schon lange nicht mehr geritten war, war ich ein wenig neidisch auf die Schauspieler, die quer durch Kanadas Wildnis reiten durften. Deshalb plante ich einen Reitausflug mit ein. Ich wurde also zu den Pyramid Lake Riding Stables gebracht und lernte dort das Pferd Arti kennen, auf dessen

Rücken ich den Nachmittag verbringen durfte. Der Ausritt mit einer Kleingruppe führte mich quer durch die schöne, wildromantische Landschaft rund um Jasper. Zuerst kamen wir am Lake Patricia und am Pyramid Lake vorbei. Später entdeckten wir die Beaver Lodge, den Pyramid und den Signal Mountain, den Lake Annette und den Athabasca River. Es war ein traumhafter Ausflug und ich kam überglücklich zurück, nachdem ich festgestellt hatte, dass ich das Reiten noch nicht verlernt habe!

Abends schauten wir noch in der Stadt Jasper vorbei, wo ich im Paws Cafe einkehrte, das mir von meinem Bruder wärmstens empfohlen wurde. Das dort erhältliche Gebäckteilchen, das mir mein Bruder geraten hatte zu probieren, war leider ausverkauft. Aber das Cafe hatte eine große Auswahl, weshalb ich nicht hungrig blieb!

Abends saßen wir in unserem Küchenhaus auf dem Campingplatz und hatten viel Spaß dabei, einigen aus der Gruppe bei verschiedenen Kartentricks zusehen zu können.

Arti und ich im Jasper Nationalpark

8. Nebel, Sterne, Hot Canadian

Das erste Highlight am heutigen Tag waren die gigantischen Athabasca Falls. Hier kann man sehr gut die Kraft des Wassers, das sich über mehrere steinerne Barrieren in die Tiefe stürzt, beobachten. Es ist ein wildromantisches Schauspiel.

Danach fuhren wir erneut den Icefield Parkway entlang. Von einem kleinen Wanderparkplatz aus ging es mitten in die Pampa. Nachdem der Weg harmlos begann, wurde es bald sehr steil! Und wenn ich hier „sehr steil" sage, dann meine ich das auch genau so!!! Selbstverständlich gibt es einen Unterschied zwischen der realen Steigung und der gefühlten Steilheit des Weges. Denn wenn ich rein nach meinem Gefühl urteilen müsste, hätte ich glatt gesagt, diese Steigung sei 90%! Es war der steilste Weg, den ich in meinem ganzen Kanada Urlaub gewandert bin und als wir diesen Absatz endlich oben waren, schnaufte ich, als wäre ich eine Stunde gejoggt und brauchte erst einmal eine kurze Trinkpause. Nach diesem Wegstück wurde es etwas flacher, aber nur minimal. Außerdem zog Nebel auf, und zwar so dicht, dass wir nicht mehr viel sahen. Die Hand vor Augen und den Weg direkt vor uns konnten wir erkennen. Aber die Aussicht war nur weiße Suppe! Es gab an einer Stelle am Wegesrand sehr gemütliche Holzstühle, auf die wir uns setzten, um lustige Fotos zu machen. Dabei lachten wir vor Allem darüber, dass wir die traumhafte Aussicht genießen können, die ja nur aus weißem Nebel bestand. Als wir eine gewisse Höhe erreicht hatten, wurde der Weg dann doch flacher und es ging nur noch sehr gering aufwärts. Auf den Bergwiesen, an denen wir vorüber kamen, weideten Big Horn Sheep. Sie ließen sich von unserer Gruppe gar nicht stören und so konnten wir sie sehr nah betrachten. Auf dem Gipfel angekommen, machten wir eine wohlverdiente Pause und setzten uns auf kleine Felsen. Ich gelte ja bei meinen Mitreisenden als immer „well prepaired". Das zeigte sich gerade jetzt, als ich bei der Kälte hier oben am Gipfel, wo sogar Schneereste herumlagen, meine Handschuhe auspackte, die ich schon zu Hause in weiser Voraussicht eingepackt hatte. Denn ich bin ja in den Alpen aufgewachsen. Da lernt man schnell, dass auch im Sommer auf Berggipfeln Kälte herrschen kann und dass Handschuhe neben Mütze und Schal immer sinnvoll sind. Dick eingemummelt in unsere Jacken genossen wir den Nudelsalat, den wir beim Frühstück zubereitet hatten. So eine Wanderung im dichten Nebel ist schon ein Abenteuer. Auf dem Rückweg wurden wir dann auch tatsächlich belohnt. Denn der Nebel lichtete sich etwas und der Athabasca Glacier und das Columbia Icefield tauchten auf und blitzen durch die dichte Suppe. Ich fand ein besonderes Fotomotiv, als ich ein Big Horn Sheep direkt dort sitzen sah, wo der Nebel gerade aufbrach und den Blick auf den Gletscher frei gab.

Als wir zurück am Parkplatz waren, mussten wir uns von 4 Leuten aus der Kleingruppe verabschieden, die sich nun auf den Heimweg machten, da ihr Urlaub endete. Anna schenkte unserem Guide Jonas ihren Wanderstock mit den Namen aller Gruppenmitglieder, was Jonas sehr freute. Er versprach den Stock gut zu hüten. Unsere verkleinerte Gruppe plante nun den restlichen Tag. Jonas schlug vor, die nahe des Campingplatzes gelegenen Mietti Hotsprings zu besuchen. Diesen Vorschlag nahmen wir dankbar an, denn nach so einer anstrengenden Wanderung und der Kälte am Gipfel, tat es richtig gut, uns im heißen Wasser zu entspannen. In Banff bekamen wir Gruppenrabatt. Hier in den Mietti Hotsprings allerdings nicht, da wir nun nur noch 7 Leute waren. Es gab aber die Möglichkeit eines Familienrabatts. Anna machte aus Spaß den Vorschlag, ob sie mich als ihre Tochter ausgeben solle, dann käme ich in den Genuss, weniger zu zahlen. Wir ließen es auf einen Versuch ankommen. Und tatsächlich sah ich wohl so jung aus, dass mir die Kassiererin glaubte, ich sei Annas Tochter.

Auf dem Weg zu den Hotsprings sahen wir in der Dämmerung sogar einen Wolf am Waldrand, der uns neugierig beäugte.

Big Horn Sheep im Nebel am Wilcox Pass

Nach unserem Badeausflug in den Mietti Hotsprings wollte Jonas uns noch etwas ganz Besonderes zeigen. Deshalb machten wir uns in der Dunkelheit auf den Weg zum Pyramid Lake. Im Bus entstand eine witzige Unterhaltung, die ich meinen Lesern und Leserinnen auf keinen Fall vorenthalten möchte:

Anna: Wir haben heute schon einen Wolf gesehen. Jetzt fehlt nur noch ein Bär zu unserem Glück.

Jonas: Das ist eher unwahrscheinlich. Der Motor des Busses ist viel zu laut. Scheinwerfer schrecken Bären auch eher ab. Auf der Hinfahrt in der Dämmerung war die Chance wohl größer als jetzt im Dunkeln.

Anna: Schade!

Tabea: Die Bären liegen ja sowieso schon im Zelt.

Ich: Keine prickelnde Vorstellung! Ich fände es nicht so toll, wenn ich später in mein Zelt krieche, und dort erwartet mich ein Grizzly ...

Tabea: Ich meinte ja auch deren eigenes Zelt!

Ich: Schlafen Bären nicht in Höhlen?

Tabea: Der moderne Bär, der was auf sich
       hält, hat ein Zelt.

Wir brachen alle in Gelächter aus. Da wir das Autofenster geöffnet hatten, ist der Bär, wenn er dort draußen tatsächlich gewesen wäre, wahrscheinlich spätestens in dem Moment verschwunden, als er das laute Lachen gehört hat!

Am Pyramid Lake angekommen, packten wir unsere Stirnlampen aus. Denn es war so finster, dass man die eigene Hand vor Augen nicht mehr sah! Der See liegt im Jasper Nationalpark, aber so weit von der Stadt Jasper entfernt, dass man die Lichter der Häuser nur von Weitem sah und da rundherum keine anderen Lichtquellen waren, kann man hier besonders gut den Sternenhimmel beobachten. Und genau das war das besondere Ereignis, das Jonas für uns bereit hielt. Wir liefen, bewaffnet mit den Stirnlampen, einen matschigen Pfad hinunter zum Seeufer und über eine kleine Holzbrücke. Ohne die Lampen wären wir wohl mehrfach über

Wurzelwerk und Steine gestolpert. Am See angekommen gab Jonas das Kommando zum Ausschalten der Lampen. Als wir dann den Blick nach oben richteten, erlebten wir ein kleines Wunder. Selten sieht man so viele Sterne auf einmal, die als kleine Punkte den schwarzen Himmel sprenkelten. Ich hatte das Gefühl, unter einem anderen Himmel zu stehen. Geräusche waren keine zu hören, außer dem sanften Rauschen der kleinen Wellen, die ans Ufer schwappten. Wir stellten alle, verzaubert von dem Moment, die Gespräche komplett ein und genossen die Stille und den Sternenhimmel mit seinen tausenden von fernen, leuchtenden Himmelskörpern. Eine andächtige und fast schon romantische Stimmung packte uns. Jonas zeigte uns leise flüsternd mehrere Satelliten, die langsam ihre Bahnen am Firmament zogen. Auch mehrere Sternschnuppen konnten wir sehen. Es war ein unvergessliches Erlebnis, was fest in meinem Herzen verankert ist.

Weit nach Mitternacht machten wir uns auf den Rückweg zum Campingplatz. Im Auto ließ Jonas ein deutsches Lied laufen, da er stolz war, seinen deutschen Reisenden deutsche Musik präsentieren zu können. Er drehte auf volle Lautstärke auf und es ertönte durch die dunkle

Nacht das Lied „Einen Stern, der deinen Namen trägt"! Das Lied mag verdammt kitschig sein, aber zu unserer romantischen Stimmung passte es absolut und seit diesem Erlebnis liebe ich das Lied, das mich immer wieder in Erinnerungen schwelgen lässt. In Jasper hielt Jonas an einer berühmten, kanadischen Brauerei, die anscheinend auch einen Nachtschalter hat. Er besorgte uns eine Spezialität, die man nur hier in Kanada erwerben kann: Ein aromatisches Blaubeer – Vanille – Bier. Nun muss ich gestehen, dass ich absolut kein Biertrinker bin! Allerdings wurde ich von der Gruppe überredet, wenigstens einen kleinen Schluck zu probieren! Nun, wenn man schon eine Spezialität des Landes serviert bekommt, warum nicht.

Zurück am Campingplatz, setzten wir uns in das Küchenhäuschen und probierten das Bier. Ich muss sagen, es hat tatsächlich einen ganz eigenen Geschmack und wenn man es langsam trinkt, schmeckt man sogar einen Hauch von Blaubeeren. Allerdings schmeckt es immer noch so deutlich nach Bier, dass es leider nicht ganz meinen Geschmack getroffen hat. Eine ganze Flasche davon könnte ich nicht trinken. Ein paar Schluck waren aber durchaus ein Geschmackserlebnis wert. Für alle Biertrinker kann ich dieses Bier absolut empfehlen!

Allerdings war Jonas sehr einfallsreich. Er wollte unbedingt den Geschmack aller Reisenden treffen. Und so kam er auf die Idee, ein altes, kanadisches Rezept auszugraben. Er holte den berühmten Ahornsirup, den es in Kanada überall zu kaufen gibt und schenkte ihn in unsere Becher. Dann zauberte er einen kanadischen Whiskey herbei und schüttete etwas davon in die Becher. Am Ende füllte er die Becher mit heißem Wasser auf. Dieses Getränk hat den interessanten Namen „Hot Canadian". Es schmeckt super lecker und für alle Menschen, die gerne süße Köstlichkeiten - wie beispielsweise Liköre - trinken, ist das ein absolutes Muss! Da man den Ahornsirup und den Whiskey nach Belieben zusammen mischen kann, trifft man damit wirklich jeden Geschmack, denn wenn jemand das Getränk weniger süß genießen möchte, nimmt er einfach weniger des Sirups. Das heiße Wasser gleicht das Ganze zusätzlich aus. Wir saßen noch sehr lange zusammen und erzählten uns Witze. Meine Englischkenntnisse sind, wie ich festgestellt habe, so gut, dass es kein Problem war, jeder Unterhaltung zu folgen und selbst etwas dazu beizutragen. Es wurde eine kurze Nacht, da wir morgens wieder sehr früh aufstehen mussten, weil wir eine lange Fahrt vor uns hatten.

9. Auf zu neuen Ufern

Die verkleinerte Gruppe, bestehend aus unserem Guide Jonas, Manuel und seiner Freundin Tabea, Anna, ihrem Mann Holger, dem Sohn Thomas und mir, machte sich heute auf den Weg zum letzten Ziel unserer Wanderwoche in den Rocky Mountains. (An dieser Stelle verweise ich noch einmal darauf, dass alle Namen des Guides und meiner Mitreisenden zum Schutz von deren Privatsphäre komplett geändert wurden). Heute besichtigten wir noch den Maligne Canyon. Er zeichnet sich durch tiefe Schluchten und einem Fluss, der hindurch fließt, aus. Es ist ein schöner Canyon und absolut einen Besuch wert. Man kann gemütlich auf einem breiten Sandweg hindurch laufen und den Tiefblick genießen. An verschiedenen Stellen gab es Wasserfälle zu bestaunen. In diesen Canyon fließt das Wasser aus dem Medicine Lake, dessen unterirdisches Höhlensystem mit dem Canyon verbunden ist. Jonas zeigte uns noch einen besonderen Berg, der den netten Namen „Sleeping Indian" trägt. Er sieht tatsächlich aus, als ob dort eine schlafende Gestalt liegt, und somit trägt der Berg den Namen zurecht.

Der Sleeping Indian in den Rockys

Vom Maligne Canyon aus fuhren wir direkt nach Hinton. Das ist ein Campingplatz am Gregg Lake, der mitten in der Wildnis liegt. In der Nähe gibt es einen winzig kleinen Ort und einen Supermarkt. Von hier aus sollte unsere kleine Gruppe mit einigen weiteren Reisenden zu unserer viertägigen Kanu-Tour auf einem wilden Fluss aufbrechen. Eigentlich war angedacht, dass unser Guide Jonas uns gemeinsam mit zwei anderen Guides auf dieser Tour begleitet. Allerdings bekam er einen Anruf und wurde zu einer Kanu-Tour auf einem anderen Fluss, dem North Saskachewan River, abgezogen. Jonas war der einzige, verfügbare Guide, der diesen anderen Fluss gut kannte. Für ihn wurde noch ein dritter Guide , der bei Timberwolf Tours angestellt war, für unsere Tour nach Hinton geschickt. Daher hieß es nun Abschied nehmen von Jonas. Allerdings lernten wir auf dem Campingplatz gleich unsere neuen Guides kennen. Ich fand alle drei von Anfang an sympathisch und sie wirkten kompetent. Wir wurden also in gute Hände übergeben und die neue Tour konnte starten.

Der Campingplatz in Hinton war sehr einfach gehalten, aber dennoch sauber und wir bauten rasch unsere Zelte auf. Danach setzten wir uns zusammen, um uns mit den anderen Mitreisenden unserer neuen Tour zu unterhalten und uns ein wenig kennen zu lernen.

Es konnte losgehen. Nun ging es auf, zu neuen Ufern.

ENDE

Wie meine Kanada-Reise weiter geht, kann im zweiten Band nachgelesen werden.

Epilog

Die kanadischen Rockys sind ganz anders als die heimischen Berge in den Alpen, wo ich aufgewachsen bin. Sie haben ihren ganz eigenen Reiz und so schön die Heimat auch ist, die Rocky Mountains sind absolut eine Reise wert. Diese Wanderwoche war für mich ein besonderes Abenteuer und ich bin froh, diese Reise gemacht zu haben.

Ich habe auf der Reise sehr viel gelernt. Auch über die Kanadier kann ich so Einiges sagen. Die kanadische Bevölkerung ist sehr offen und tolerant. Sie hassen Intoleranz und nehmen jeden Menschen so, wie er ist. Die kanadische Bevölkerung kennt ihr Land so gut wie ihre Westentasche und wenn sie eine Wegbeschreibung abgeben, ist diese sehr genau. Sie haben Humor und zeichnen sich durch ihre große Hilfsbereitschaft aus. Worüber ich mehrmals in meinem Urlaub schmunzeln musste, ist die Tatsache, dass im Jahr 2014 Deutschland Fußballweltmeister wurde. Jedes Mal, wenn ich erwähnt habe, dass ich aus Deutschland komme, haben sie angefangen zu strahlen übers ganze Gesicht und sagten: „Ah, Soccer – Champs!" So fand man relativ schnell in eine Unterhaltung.

<u>Danksagung</u>

Ich möchte vor Allem dem Reisebüro **Schulz Aktiv Reisen** danken, für die gute Organisation und das vielfältige Angebot dieser Reise. Auch ein dickes Dankeschön dafür, dass solche besonderen Erlebnisse, wie zum Beispiel der Reitausflug, möglich gemacht wurden.

Dem Partnerreisebüro in Kanada, **Timberwolf Tours**, danke ich dafür, dass sie gute Guides für die Reise ausgewählt und die Organisation vor Ort wunderbar und mit viel Wissen und Kompetenz durchgeführt haben.

Ich sage auch der **kanadischen Bevölkerung** danke, die mir viel Höflichkeit, Hilfsbereitschaft und Offenheit entgegengebracht und mir Einblick in ihr schönes Land gewährt hat.

Und zuletzt auch noch Danke an meine **Mitreisenden**, mit denen ich die vielen Erlebnisse teilen konnte und die mir durch ihre freundliche, aufgeschlossene Art eine angenehme und spannende Wanderwoche beschert haben.

Rezeptvorschlag „Hot Canadian"

Ahornsirup	in eine Tasse füllen
kanadischen Whiskey	dazu gießen
mit heißem Wasser	auffüllen

Den Ahornsirup und den Whiskey kann man nach Belieben mischen. Es gibt keine Angabe, wie viel von Beidem man in die Tasse füllen soll.

Als Whiskey wird die Marke „Royal Crown" empfohlen. Das ist ein guter kanadischer Whiskey. Allerdings kann auch jeder andere Whiskey verwendet werden.

Am Ende wird die Tasse einfach mit sprudelnd heißem Wasser aufgefüllt, bis sie voll ist.

Der „Hot Canadian" schmeckt am Besten, wenn es draußen kalt ist.

Bilderverzeichnis

Informationen über die Autorin

Julia Riesenweber wuchs im schönen Karwendelgebirge auf. Sie ist Erzieherin und lebt und arbeitet heute in München in einer Kinderkrippe. In ihrer Freizeit macht sie gern Ausflüge in von ihr noch unerforschte Gebiete oder unternimmt Reisen in fremde Länder. Mit ihrer Kamera knipst sie gern Landschaften, Tiere und Pflanzen in den fernen Ländern und sie hat Freude daran, die Kultur des jeweiligen Landstriches und die Menschen vor Ort kennen zu lernen.

Weitere Bücher der Autorin

Die kleine Flamme findet Freunde

Die kleine Flamme Funkel fühlt sich einsam. Sie ist ganz allein und wünscht sich nichts sehnlicher, als endlich Freunde zu finden. Das ist aber gar nicht so einfach. Denn Feuer ist gefährlich und daher haben viele Tiere Angst vor Funkel. Er macht sich auf den Weg in die weite Welt. Wird sein Wunsch, Freunde zu finden, am Ende seiner Reise wahr werden?

ISBN: **9783752612608**

Erschienen am 20. 01. 2021
bei Books on Demand

Poesie der Worte

Gedichte für viele Anlässe

Gefühle sind vielfältig und lassen sich sehr gut in Worte fassen. In diesem Buch hat die Autorin Gedichte zusammengestellt, die tiefe Gefühle ausdrücken, oder ihren Gedanken freien Lauf gelassen. Sie bedient sich dabei verschiedener Versmaße, spielt mit den Worten und lässt manchmal auch Bilder vor ihrem inneren Auge entstehen. Sie hat auch Gedichte zu verschiedenen Anlässen (wie Geburtstag oder Muttertag) in ihre Sammlung integriert. Freuen Sie sich auf eine Vielzahl verschiedenster Gedichte und lassen Sie die Worte in Ihrem Inneren nachklingen.

ISBN: **9783752640083**

*Erschienen am 29. 01. 2021
bei Books on Demand*